Reni Nikolajew
Lebenslieder

AF211350

edition wortschatz

Reni Nikolajew

Lebenslieder

Gedichte

Autorengemeinschaft
FREIMUT & SELBST

Bibliographische Information Der Deutschen Bibliothek
Die Deutsche Bibliothek verzeichnet diese Publikation in der
Deutschen Nationalbibliographie; detailierte bibliographische
Daten sind im Internet über http://dnb.ddb.de abrufbar.

2. Auflage
© 2010 SELBST-Verlag, Berlin
1. Auflage
© 2003 Verlag FREIMUT & SELBST, Berlin
www.freimutselbst.de
E-Mail: fs@freimutselbst.de
Alle Rechte vorbehalten
Titelbild: Reni Nikolajew
Satz und Layout: SELBST-Design, Berlin
Herstellung und Verlag: BoD GmbH Norderstedt
Printed in Germany
ISBN 978-3-839182-99-4

Gedruckt auf chlor- und säurefreiem Papier

Meinen Töchtern
Sigi und Sina

Das Blümchen

So klein
und fein
und ganz allein
stand's Blümchen
still am Wegesrand
und blühte
bunt und voller Pracht
und dacht'
es wird hier ewig stehn
und wußte gar nichts vom Vergehn
reckt kühn und stolz das Köpfchen
und wartet auf ein Tröpfchen
und blüht dabei mit froher Lust.

Obwohl es bald verwelken mußt
blieb's noch ein Weilchen stehn

... und keiner hat's gesehn.

Kinderhände

Viele Wände
kalte Wände
Kinderhände
streichen zart
über Kalk und Putz und Backstein
Gestalten
klein
und so allein
Stimmen
zart im Gang erklingen
leise Kinderstimmen singen
von den Träumen
weiten Räumen
Sehnsucht nach dem großen Leben
wer kann soviel Liebe geben
viele Wände
kalte Wände
kleine Hände
Kinderhände ...

Einfach reden

Einfach reden
die ganze Nacht
das Glas erheben
und jemand lacht
Vertrautheit fühlen
und viel versprechen
in Erinnerung wühlen
Tabus mal brechen
Zusammensein um jeden Preis
nur nicht an morgen denken müssen
offenbaren was schon jeder weiß
und zärtlich fremde Lippen küssen.

Du fühlst dich heute so gelöst
spät ist es nun
und alle gehen
und beinah wärst du eingedöst
du mußt der Nacht ins Auge sehen.

Alleine gehst du durch die Stadt
und denkst an die vergangnen Stunden
was das Leben so zu bieten hat ...
was du im Leben suchst
hast du auch heute nicht gefunden.

Das Glück

Das Glück
du hast es nie gefunden
doch ist die Hoffnung nie geschwunden.
Du glaubst, ein Anteil steht dir zu
und suchend kommst du nie zur Ruh
gespannt du in die Ferne schaust
und dir ein Phantasiebild baust
ein kleines Glück, das willst du nicht
du suchst das große helle Licht
nichts darf von diesem Bild abweichen
du kannst niemals dein Glück erreichen
und stolperst du bei deiner Suche
als Irrtum schlägt es nur zu Buche.

Unruhe

Lähmung
über den Tag verteilt
und die Zeit enteilt
bis zur Nacht
Unruhe
zwischendurch kurzer Schlaf
und Angst
Unruhe
Träume - ganz wirr und turbulent
und dann den nächsten Tag verpennt
Pläne
die du verwirfst
Vorsätze
kaum gefaßt und schon vergessen
Angefangnes abgebrochen
Lähmung
nichts bringst du zustande
alles Tun verläuft im Sande
Unruhe
gehetzt und getrieben
wärst du doch im Bett geblieben
nichts erreicht
doch soviel wär zu tun
Wunsch sich einmal auszuruhn
doch wovon
wenn du doch gar nichts tust
ein Gefühl
eiskalt und immer da
Unruhe

Mit dir

sorgen
mich um dich sorgen
für dich sorgen
mit dir sorgen

kümmern
mich um dich kümmern
für dich kümmern
mit dir kümmern

streiten
mich um dich streiten
für dich streiten
mit dir streiten

haben
dich um mich haben
für dich haben
mit dir haben

Von dir

Ein Zeichen
ein Lächeln
ein Verstehen
und Wärme
ohne Worte
du gabst
ich nahm
von dir.

So war es
doch heute
ein Suchen
kein Zeichen
kein Verstehen
ohne Wärme
wortlos.

Was du nicht gibst
kann ich nicht nehmen

von dir.

Sehnsucht

Sehnsucht
ohne Ziel
Träume
die so unklar sind
viele Wünsche
wie ein Kind
Heiterkeit
oft ohne Grund
und Trauer
die gefangen nimmt.

Die Runde

So spät die Stunde
so klein die Runde
man kennt sich schon lange
und denkt doch bange
was kann man wagen
was darf man sagen
man kennt sie und ihn
und ist doch nicht intim
doch tut man vertraut
und lacht auch mal laut
gibt Küßchen um Küßchen
und gähnt ein bißchen
und plant gemeinsam
und ist doch einsam
ja der da ist nett
man kennt sich vom Bett
ein paar kurze Stöße
bedeckt schnell die Blöße
nach Hause und duschen
und Spuren vertuschen
man hatte sich lieb
wie hieß nur der Typ
vergessen seit langem
und neu angefangen
Bekanntschaften pflegen
und munter sich regen
die Uhr schlägt die Stunde
löst auf diese Runde.

Erinnerung verblaßt

Wo sind die Gedanken
wenn nicht bei dir
fortgeweht
Zeit und Vergessen
zum Nichts geworden
zu Ende
kurze Ewigkeit
gefangen
Stern der Vergänglichkeit
wir treiben fort
voneinander fort
nichts tut weh
Erinnerung
verblaßt.

Ein neuer Tag

Ein Schimmer
golden streift er
Baum und Strauch
hör'
der Vogel
zwitschert auch
kaum hat er die Pracht gesehn
kann er nicht mehr widerstehn
jubelt seine Lust heraus
aus dem Loche kommt die Maus
hebt schnuppernd keck das Näschen
schreckt zurück vor einem Häschen
das fröhlich Purzelbäume schlägt
und über's Sonnenfelde fegt
Tau benetzt des Grases Spitzen
Käferchen, die eilig flitzen
fröhlich tanzt's Getier im Reigen
vor neuem Tag sein Haupt zu neigen.

Lebt man weiter

Soviel Liebe
schon vergeben
und viel Leid
erfahrn im Leben
Hoffnung wurde oft betrogen
und Gefühle warn verlogen
und was ewig schien und fest
blieb doch nur Erinnrungsrest
und trotz allem lebt man weiter
ist nach außen froh und heiter
findet man was Neues dann
fängt das Spiel von vorne an.

Warten

Ein kleines Leuchten in deinem Blick
es ließ mich heimlich hoffen
du kämest doch zu mir zurück
die Antwort, sie blieb offen.

Seit vielen Tagen warte ich
auf einen Schritt ein Zeichen
ich warte und verzehre mich
die Hoffnung will nicht weichen.

Doch nun - ich weiß es ganz genau -
das Warten war vergebens
das Leuchten galt der andern Frau
der Liebe deines Lebens.

Wenn man sich abgefunden hat
dann wird der Schmerz einst still
und alle Liebe wird zu matt
als daß man warten will.

Regen streichelt mein Gesicht

Regen streichelt mein Gesicht
spüre seine Kühle nicht
liebkosend rinnt er nieder
singt mir Liebeslieder.

Sehnsucht hat mich in der Hand
Trauer hat mir's Herz verbrannt
Glück ist schnell zerronnen
hatte grad begonnen.

Dir schien alles wunderbar
als ich schon das Ende sah
konntest's nicht verstehen
mußte von dir gehen.

Du und unsre kurze Zeit
nun ist's schon Vergangenheit.

Kalt

In der Runde sitzen wir
und reden
kühl gleitet mal dein Blick zu mir
und über jeden
Die Worte warm
die Herzen kalt
wir sitzen hier
und reden.

Abgestorben

Kontaktieren
harmonieren
desertieren
Gefühl einfrieren.

Neu verlieben
umhergetrieben
allein geblieben
abgetrieben.

Neu gestalten
angehalten
Altersfalten
Herzerkalten.

Einst umworben
abgeworben
alt geworden
abgestorben.

Lebenssinn

Alles planen
und erwägen
Vor- und Nachteil
Gottes Segen
stets konform
selbst mit den Feinden
nie daneben
sich bewegen
stete Eintracht
emsig regen
alles so tun
wie erwartet
Lebensspiel -
so abgekartet.

Tust du's nicht
bist du alleine
wirst bekämpft
man stellt dir Beine
was du tust
muß immer stimmen
was du hast
darf nie genug sein
streben sollst du
mehr erreichen
zufrieden sein
heißt Segel streichen
immer feste mittendrin
das ist nun des Lebens Sinn.

Deine Schranken

Nie ganz bekennen deine Liebe
und verbergen innre Triebe
gar nichts von Gefühlen sagen
bloß die Ehrlichkeit nicht wagen.

Von den Wünschen niemals reden
sich nur keine Blöße geben
und nur keine Schwächen zeigen
nie sein Haupt vor Güte neigen ...

selbst noch in der größten Not -
jeder kämpft allein sich tot.

Träume, die tief in dir waren
konntest du nie offenbaren
musst stets stark vor andern scheinen
stumm - allein für dich nun weinen

Hast dich selbst immer belogen
bist zur Einsamkeit erzogen
kannst nicht mit Vertrauen danken
oft verfluchst du deine Schranken.

So lange Jahre warten

So lange Jahre warten
wie groß muß Liebe sein
das Leben mischt die Karten
das Schicksal mischt sich ein.

Und hoffen und verzweifeln
voll Lust und voller Leid
mal Hoffnung mal Erstarrung
Erlösung ist noch weit.

Das Morgen wird zum Gestern
und Jahr für Jahr vergeht
das Glück kaum zu begreifen
wenn es dann vor dir steht.

Macht

Haß und Gewalt
Blicke kalt
Besitz und Geld
das Schwache fällt.

Benutzt werden die Ellenbogen
und aus Gewohnheit wird gelogen
Gefühle immer schön vermeiden
sie lohnen nicht und bringen Leiden.

Und durch Grausamkeit und Kraft
hast du dir bald Macht verschafft
weit zu bringen es im Leben
ist dein einziges Bestreben.

Seltsam ist
wer andres will
und bezwungen
wird er still.

Zu Ende

Nun ist alles zu Ende
und tot ist das Herz
still ruhen die Hände
und stumm ist der Schmerz.

Kein Streben, kein Sehnen
kein Wunsch und kein Traum
ohne Hoffnung durch's Leben
und öd' ist der Raum.

Gewohnheit statt leben
tappst blind durch die Welt
magst nichts nehmen - kannst nichts geben
spürst, wie alles zerfällt.

Ein Blatt im Wind

Ein Blatt
verloren
wie ein Kind
treibt hin im Wind
treibt hin im Wind.

Es flattert ziellos
hin und her
es landet hier
es landet dort
schon ist es fort
und ich
schau traurig hinterher
schau traurig hinterher ...

Abschied

Die Kisten sind gepackt
und die Koffer fest verschlossen
die Augen glänzen matt
viele Tränen sind vergossen.

Der Blick schweift müd' umher
alte Hände streicheln leise
und der Abschied fällt so schwer
muß man gehen auf diese Reise.

In den Wänden steckt ein Leben
und die Bilder ließen Flecken
alles Böse ist vergeben
Vergangnes läßt sich nicht mehr wecken.

Gramgebeugt mit müden Schritten
weinend und den Rücken krumm
gehst du nun - es hilft kein Bitten
traurig
und siehst dich nicht um.

Frau im Spiegel

Zeit
du zerstörst mich
raubst Liebe und Glück
wohin ich mich wende
du holst mich zurück.

Man sagt
du heilst Wunden
die kleinen - das stimmt
doch ich haß' dein Erbarmen
das alles mir nimmt.

Runzelst Schönheit und Jugend
zwingst ein Sehnen herbei
deine Macht ist unendlich
selbst aus weiß machst du grau
und ich kann nicht entflieh'n

bin doch nur eine Frau.

Kann nicht vergessen

Kann nicht vergessen
deine Lippen
wie sie sanft
strichen über mein Gesicht
liebkosend
meine Augen berührten
Sehnsucht hab ich
Liebster
nach deinen Händen
die so zart
mich erkannten
die mich berührten
deinen Armen
die mich umfingen
wenn wir
in Liebe
versanken.

Vorbei

Hab dich einfach angesehen
konnt an dir vorübergehen
fühlte keinen Schmerz.

Von dir ist gar nichts mehr geblieben
ich sah dir ins Gesicht
was ich einst liebte, fand ich nicht.

Man hat mir gesagt

Man hat mir gesagt
ich hab nicht gefragt
du hast was Neues nun gefunden
und hast dich fest an ihn gebunden
und hast dich fest an ihn gebunden.

Und ich hab' gefühlt
wie noch Schmerz in mir wühlt
und habe gelacht und so getan
als wenn's mich nicht mehr treffen kann
als wenn's mich nicht mehr treffen kann.

Ich habe gehört, er soll dich hassen
denn nun hast du auch ihn verlassen.
Ich hab' dir lange schon vergeben
auch du bezahlst mit Schmerz im Leben
auch du bezahlst mit Schmerz im Leben.

Erde ist tot

Wühlt in der Erde
riesige Hand
Schätze entreißend
einst fruchtbarem Land
ernten und scheffeln
geht nicht um's Brot
vergessen zu säen
erkennt nicht die Not
tiefer das Wühlen
Letztes zu holen
Blut tropft so rot
Erde ist tot.

Faß mich an

Faß mich an
berühre mich
und halt mich fest
so eng bei dir
ich fühl' schon die Entfernung
und Stein auf Stein
die Mauer wächst
und leise Worte reichen nicht
einander zu verstehen
und Arm in Arm
erreichen wir einander nicht
und in die Wärme der Geborgenheit
ein Hauch von Eiseskälte
und Blicke, die zur Seite weichen
wir können uns nicht mehr erreichen.

Dunkle Straßen

Absätze klappern laut
in nächtlich dunklen Straßen
der Schrei der Katze, die miaut
in liebestollem Rasen
und die Gestalt auf dem Balkon
worauf sie jetzt wohl warten mag
und aus der Kneipe an der Ecke
der alte Mann wie jeden Tag
torkelt er lallend in sein Haus
was fühlt er
wie sieht's in ihm aus
ob er wohl auf ein Trostwort wartet
wenn einsam
in den Tag er startet
und weiter geh ich durch die Stadt
die viel zu offenbaren hat
und seh die Fenster rauf und runter
hier ruht man schon
dort ist man munter
ein Kind das noch nicht schlafen kann
die Eltern streiten nebenan.

Ich fühle mich heut so allein
und fürchte mich
und wünsch mich heim.

Schaukle leise

Schaukle leise
schaust so weise
und Gedanken
läßt du schweifen.

Um dich
Lebensfrüchte reifen
die du hegtest
viele Jahre.

Und du schaust
zurück auf's Leben
Güte
schenktest du.

Konntest geben
ohne fragen
Schmerzen lindern
Tränen trocknen.

Laß' nun
die Gedanken schweifen
schaust so weise
schaukle leise.

Kleines Schiff in großem Sturme

Kleines Schiff in großem Sturme
kleine Tür zum großen Turme.

Großes Herz in kleinem Manne
großes Steak in kleiner Pfanne.

So ganz viel Geld in wenigen Händen
so ganz viel Glück hinter wenig Wänden

und wenig Freude bei großer Erwartung
und wenig Strafe bei großer Entartung

und stetes Pech trotz hartem Streben
und steter Tod trotz bravem Leben.

So starkes Gefühl in kleinen Seelen
so starker Schmerz durch kleines Quälen

und neue Hoffnung nach altem Leid
und neue Liebe im alten Kleid

die alten Wunden neu aufgegangen
die alten Tränen auf jungen Wangen.

Ich blicke zurück

Ich blicke zurück
auf altes Glück
und kann es heut nicht mehr verstehn
denn die Gefühle die vergehn
kann man kaum noch erahnen
war sinnlos alles Planen
und alles kam ganz anders dann
als man es dachte irgendwann
und Liebe, die einst trieb zur Eile
verursacht heute Langeweile
heut ist in mir ein neues Denken
Vertrauen schwer nur zu verschenken
soviel ging immer nur daneben
hier steht man nun -
so ist das eben.

Heute

Viele Menschen
du bist da
mir gegenüber
und ich rede
und rede
du bist da
und ich sehe dich an
sehe dich an
und könnte dich
doch nie beschreiben
dich nie erklären
dein Gesicht
das mir so vertraut
deine Worte
sie könnten meine sein
deine Gedanken
kennen die meinen
und meine die deinen
vertraut und doch neu
wer bist du
vielleicht kannte ich dich einmal
früher
vor unserer Zeit.
Doch hätte ich dich dann vergessen?
Wie könnte ich dein du vergessen?
Oder ist es gar mein ich?
Ich mag dich
glaube dich zu kennen.
Wer bist du? -
Sei mein Freund
doch nicht nur heute ... nicht nur heute ...

Die Melodie

Die Melodie
sie klingt ganz leise
berührt auf so ganz eigne Weise
mein Herz
ich fühle Schmerz
und denk zurück
kann mich entsinnen
du hast an meinem Bett gesessen
und wir sangen um die Wette
ein Schlaflied
und ich wurde munter
der Schlaf ging nun den Bach hinunter
und Glück und Freude
warn in mir
ich war so klein
sah hoch zu dir
das Glück quoll mir aus allen Poren
fast kroch es mir schon aus den Ohren
ach, hätt ich davon aufgehoben
statt fröhlich dann herumzutoben
mich still besonnen
es ist zerronnen ...

und heute
schau ich auf dein Haupt hinunter
und
nun bin ich gar nicht munter.
Wann bist du je
so klein gewesen
in deinen Augen
kann ich lesen
auch du
erkennst die Melodie.
Ein großes Glück
vergißt man nie.

Feierabend

Nicht zu fassen - steht die Zeit?
Bis Feierabend ist noch weit.
Ist die Zeit dann rangekommen
Hut und Mantel schnell genommen
man gebärdet sich verrückt
jeder tut nun ganz verzückt
und der letzte sich beeilt
zwischen Leibern eingekeilt
und die Eile stets im Blick
lächelt man auch mal zurück
schüttelt flüchtig sich die Hände
bloß schnell in die eignen Wände.

Tritt man in die Wohnung ein
ist es still
man ist allein.

Dafür ist man so geflitzt
als wenn da wartend einer sitzt
hatte man doch fast vergessen
schon lang hat niemand hier gesessen.

Und wie immer treu bereit
umfängt dich deine Einsamkeit
und du freust dich schon auf morgen
sehnst dich nach den Alltagssorgen.

Wirst das Spiel dann weiterspielen
ständig zu der Uhr hinschielen
tun wie immer ganz in Eile
schämst dich deiner Langeweile.

Kleiner Traum vom Glück

Ganz dicht bist du bei mir
willst mich so gern berühren
wie ich auch dich
und wirst es doch nicht tun.
In uns die Sehnsucht
das Spiel mit dem Feuer
bis es einstmals erlischt.

Und wie alle Tage geht jeder für sich
nach flüchtigem Gruß
und ohne Kuß
nach Haus.

Nun schnell das bißchen Liebe verborgen
denn gleich hat man seine eigenen Sorgen
Gefühle bis morgen am Tor abgestellt
jetzt geht's in die eigne gewohnte Welt.

Und eh man einander vergessen kann
rückt schon der neue Tag heran
und wenn man sich dann wiedersieht
dann ist es stets das gleiche Lied.

Man schaut sich an und ist besessen
und hatte sich doch fast vergessen
und bald schon wieder glaubt man dran
daß ohneinander man nicht kann

bis eines Tages - ach wie schade -
auch dieses Spiel wird sicher fade.
Nun zwingt der Alltag sich zurück
es bleibt ein kleiner Traum vom Glück.

Ein altersloses Glück

Runen
tief in das Gesicht gegraben
und Wangen schlaff
und Augen
trüb von Alter oder Leid
zu müde
Neues anzusehen

und soviel Milde
geboren in den Jahren
verlornes Streicheln
mit müder zarter Hand
und soviel Sehnsucht
vom Leben auszuruhen

und ab und zu
ein stilles leises Denken
an all die Träume
die Zukunft liegt zurück
und ganz ergeben
lässt man die Hände sinken

und lächelt leise -
ein altersloses Glück.

Wie alles vorbeigeht

Du spürst
wie alles vorbeigeht
selbst Großes
wird einmal ganz klein
und Liebe
so groß sie gewachsen
wird eines Tages
nicht sein
und Treue
wie oft auch geschworen
gebrochen
eh man sich's versieht
und alles
was man sich versprochen
gestorben
wie alles vergeht.

Monolog (einer Verstummten)

Darf ich auch mal was sagen
ich will endlich mal sagen:

Hab' genug von dem Leben
mit dir
deine Reden
dein eitles Gehabe
absolut ist dein Urteil
bist so klug und so weise
du
ich bitt' dich
sei leise
laß mich auch mal was sagen
mag es dumm
mag es falsch sein
laß die Fehler mich machen
frei und fröhlich mich lachen
du
dein lautes Gebaren
bringt mich um
macht mich stumm.

Sei nur ruhig
keine Angst
du wirst nie das erfahren
denn ich werd' niemals fragen:

Darf ich auch mal was sagen?

Soviel ist schon zerstört

Soviel ist schon zerstört
und die Schreie
verhallen ungehört
und Sonnenflecken im Gemüte
zerbrechen selbst
die schönste Blüte
und weiter gehen
Wut und Zerstörung
in Heiterkeit
erstickt Empörung
man paßt sich an
versteckt die Wunden
gequält hat man sich abgefunden
man leidet
freut sich
weint und lacht
und schon das Kind lernt
wie man's macht
es kann die Lehre weitergeben
für ein verfehltes falsches Leben.

Ich mag dich

Ich mag dich
die Ruhe
die Klugheit
dein Lächeln
dein Streicheln
die Sanftheit
die Güte
dein Wesen

DU

Ich mag dich
und seh dich
mit Augen
der Liebe.

Das Liebste

Zu spät nun zu sagen
du warst mir stets wichtig
Streiterei war so nichtig
ich lieb dich
ich brauch dich
mit dir den Weg zu gehn
mit dir ist es schön.

Ich dacht', es wär' Zeit
all dies später zu sagen
du wolltest nie fragen
was ich für dich fühle
und spürtest oft Kühle.

Schenktest ohne zu klagen
trotz offener Fragen
mir all deine Wärme
hast niemals gefordert
und immer gegeben
du warst so voll Leben.

Nun ist es zu Ende
leer sind meine Hände
so schwer ist mein Herz
unermeßlich der Schmerz.

Du bist so gut

Du bist so gut, du weißt soviel
bist souverän, schimpfst mich mondän und ganz extrem
weist auf dein Alter und preist Erfahrung
geschwollne Rede.
Für dich ist dein Wort die Offenbarung
machst niemals Fehler, stets liegst du richtig
nur was von dir kommt, nennst du wichtig
bist so vernünftig
preist Wahrheitsliebe und Fleiß und Streben
nur so kommt man voran im Leben.

Bist ständig unterdrückt und brav
und dabei nennst du mich ein Schaf
du dummer Mann
ich seh' dir deine Wünsche an.
Hast nie gewagt, dein Herz zu fragen
es könnte dir was Schlimmes sagen
könnt raten dir, vom Weg zu weichen
und einmal echtes Glück erreichen
könnt dich in deiner Ruhe stören
nur nicht auf innre Stimmen hören.

Tu weiter brav, was andre raten
und friß zu Haus den fetten Braten
du wirst ganz feist und fühlst dich matt.
Im Grunde hast du alles satt
dein Leben hat kaum angefangen
da hast am Haken du gehangen
stolz zappelst du mit dürren Beinen
wenn ich dich sehe, könnt ich weinen.

Und du - den Mund noch feucht vom Braten -
du wagst es mir Beständigkeit zu raten.

Ich bin so unglücklich wie du
doch ich geb' es ehrlich zu.
Ich will noch suchen und das Leben finden
nie soll mein Herz wie deins erblinden
ich werde niemals mich wie du
ausruh'n in so falscher Ruh'.

Du meinst, ich müßte einsam sein?
Doch du
bist du nicht auch allein? -

Nah bei dir

Ganz still ist es hier
ganz warm nah bei dir
das Kissen so weich
ich fühle mich reich
du nimmst meine Hand
ich folg dir ins Land
deiner Träume hinein
zusammen zu sein
einander zu geben
und Liebe zu leben
die Welt ist so klein
wir zwei ganz allein
ganz still ist es hier
ganz warm nah bei dir.

Ich weiß soviel von dir

Ich weiß soviel von dir
kenn dein Gesicht
wohin du gehst
woher du kommst
kenn deine Stimme
weiß, was du tust
wenn du bei mir bist

doch was du denkst
das weiß ich nicht.

Bist ein Geheimnis noch für mich
und ich
mein Schatz
ich liebe dich.

Heimliche Liebe

Die Liebe
sie fragt nicht nach Dürfen und Wollen
sie kommt ohne Warnung
oft bringt sie kein Glück.

Die heimliche Liebe
sie lebt in den Träumen
sie wächst in den Träumen
es gibt kein Zurück.

Man trifft sich
und liebt sich
und sucht nach Erfüllung
und findet sie nicht.

In Trauer - ein Seufzer -
schon ist sie gestorben
die heimliche Liebe
- im Kerzenlicht.

Bist bei mir

So wohl
fühle ich mich
bei dir
und Wärme
gibst du mir
ich kuschle mich
an dich
und deine Hände
streicheln mich
mir war so kalt
ohne dich
ohne Halt.

Meine Finger
malen deine Falten
sollst sie behalten
zeigen mir dein Leben
ohne mich.

Bist bei mir
du
ich liebe dich.

Dich ganz im Stück

Dein Gang
dein Blick
dich ganz im Stück
ich liebe dich
genieße dich nur scheibchenweise
und bei Bedarf
schimpf ich ganz leise.

Dein Blick

Du siehst mich an
kurzer Moment
morgen vergessen
doch
du siehst mich an
jetzt
ein Augenblick Blick
vorbei
fast verpaßt
kurzer Moment
schöner Moment
dein Blick.

Das Telefon

Das Telefon
auf ihrem Tisch
es schweigt sie an
und klingelt nicht
und hat es sich mal überwunden
dann ist nur jemand falsch verbunden
sie tut auf Ungeduld und Eile
dabei fühlt sie nur Langeweile.

Die Kinder sind längst ausgezogen
der Mann - lang fort - hat sie betrogen
inzwischen ist er wohl gestorben
nie wieder ward um sie geworben
von Freunden war sie längst vergessen
man traf sich früher mal zum Essen.

Vielleicht kommt's Enkel sie besuchen
mein Gott
jetzt hat sie keinen Kuchen
der letzte war umsonst gemacht
sie hat ihn in den Müll gebracht.

Die Stricknadel schnell in die Ecke
geradegerückt die Spitzendecke
sie hat doch noch so viele Pflichten
da sind ja noch die lieben Nichten
sie hat sie lange nicht gesehen
sie müßte mal zu ihnen gehen
doch meistens hat da niemand Zeit
der Weg für alte Beine ist zu weit.

Sie setzt sich wieder hin
und strickt
hört wie die Uhr
die Zeit vertickt.

Das Telefon
sie starrt es an
vielleicht ruft doch mal jemand an.

Fragen an meine Mutter

Mutter
wo ist die Welt zu Ende
wann fängt ein Leben an
und wann der Tod

wie findet man das Glück
wer kann uns Ruhe geben

was ist gut
und was ist schlecht
erklär mir
was ist wirklich recht

wohin muß jeder gehen
wie kann man alles sehen

warum bin ich ich
und warum gibt es Leiden
und was soll ich meiden

darf man alles verzeihen
warum gibt es Vergessen
soll man streben wie besessen

kann man lernen die Weisheit
und wie erkennt man Schönheit?

Du siehst mich an
und zärtlich streicheln deine Hände
doch sag schnell noch
warum geht Glück zu Ende?

Heut' hat morgen angefangen

Wo ich höre
gehe
stehe
in den Augen
Unglück sehe
Trauer
um verlorne Dinge
Ringstreifenfinger
ohne Ringe.

Frischer Schmerz scheint nie zu heilen
so erscheint es uns zuweilen
doch da sind die tausend Sachen
die uns lehren neu zu lachen
eh' der Kummer eingefressen
ist er auch schon fast vergessen.

Neuer Kummer
heilt den alten
Routineleid
läßt Herz erkalten
morgen
ist es schon vergangen
heut' hat morgen
angefangen.

Träume

Träume
durch sonnige Landschaften fliegen
und Glück
nie erlebt
nur im Traum
kann es siegen.
Vor Wahrheit verschlossen
die Augen fest zu
sind Traumseligkeiten
ein Scheinglück im Nu.
In glücklosen Zeiten
träume auch du.

Bevor ich von dir geh

Bevor ich von dir geh
in deine Augen seh
denk ich
ach blieb ich nur
in deinen Armen
dann lächle ich
sag Wiedersehn
und eile fort von dir
und eile fort von mir
bin traurig auf dem Weg
und sehe mich nicht um
du gehst in deine Welt
die fremd mir ist.

Dann gehe ich mit schnellen Schritten
im Herzen stummes Bitten
in meine Welt
die du nicht kennst.

Damals

Damals
unsre Füße scharrten im Laub
weißt du noch
bunter Wald nahm uns auf
gab uns Ruhe
Geborgenheit
Hoffnung
doch
ein Ahnen von Trauer
klang in den Frieden
das Rauschen der Bäume
ließ uns verstummen
wir lauschten
versuchten zu verstehn

damals.

Über die Autorin

Jahrgang 1952, geboren in Frankfurt/Oder, aufgewachsen in Berlin-Müggelheim, nach Abschluß der 10. Klasse Ausbildung zur Buchhändlerin, danach Arbeit im Buchhandel und anderen Bereichen (Druckerei, Buchhaltung, Pressestelle-Öffentlichkeitsarbeit, Kassiererin, Materialeinkauf, Absatz) und zuweilen nebenbei als Straßenfegerin, seit 1991 Betreuerin für Menschen mit Behinderungen, 1996 Studium zur Heilerziehungspflegerin in Potsdam, 2 Töchter.

Inhalt

Alphabetisches Titelverzeichnis

Empfehlenswerte Bücher aus dem Verlag
FREIMUT & SELBST

Hörbuch:

Wolf Bergelt
Die klingende Königin
Eine poesievolle Traumreise zur Orgel, mit zahlreichen Klangbeispielen von einem der schönsten historischen Instrumente Deutschlands. Das anspruchsvolle Hörbuch für Kinder von 9 bis 99 Jahren.
ISBN 3-9805293-3-9

Sachbuch:

Vanessa Ihm
Heilpädagogisches Reiten
und Entwicklungsförderung von behinderten Kindern.
Eine zukunftsweisende Arbeit, die das Thema unter entwicklungspsychologischen, -diagnostischen und -fördernden Aspekten aufgreift und den Praxisbezug durch geeignete Fallbeispiele herstellt.
ISBN 3-9805293-6-3

Karl Richter
Der Freienwalder Orgelbauer Georg Mickley
Der Autor hat sich auf die Spuren eines kaum bekannten Meisters begeben und damit einen weiteren regionalgeschichtlichen Forschungsansatz für den märkischen Landorgelbau geschaffen, der längst überfällig war.
ISBN 3-9805293-4-7